Sensory Overload

Sobrecarga Sensorial

CRUZANDO EL AGUA

Colección de poesía

Poetry Collection

CROSSING THE WATER

Sasha **Reiter**

SENSORY OVERLOAD
SOBRECARGA SENSORIAL

Translated into Spanish by / Traducido al español por

Pedro Granados

Nueva York Poetry Press®

Nueva York Poetry Press LLC
128 Madison Avenue, Oficina 2RN
New York, NY 10016, USA
Teléfono: +1(929)354-7778
nuevayork.poetrypress@gmail.com
www.nuevayorkpoetrypress.com

Sensory Overload
Sobrecarga sensorial
© 2020 Sasha Reiter

© Traducción al español y contraportada:
Pedro Granados

ISBN-13: 978-1-950474-91-2

© Colección Cruzando el agua vol. 3
(Homenaje a Silvia Plath)

© Dirección:
Marisa Russo

© Edición:
Francisco Trejo

© Diseño de interiores:
Moctezuma Rodríguez

© Diseño de portada:
William Velásquez Vásquez

© Fotografía de la portada:
David Z. Goldemberg

© Fotografía del autor:
Giselle Reiter

Reiter, Sasha
Sensory Overload / Sobrecarga sensorial, 1a edi-- New York: Nueva York Poetry Press, 2020.
116 pp. 5.25 x 8 inches.

1. Poesía estadounidense

TRANSLATOR'S NOTE

Sasha Reiter (born in 1996) is a young poet of unusual talent. Despite his age, he is a poet of keen vision, maturity and profound wisdom who possesses the uncommon ability to turn his personal experiences into universal ones. This can be appreciated it in the poems collected in his first book, *Choreographed in Uniform Distress/Coreografiados en uniforme zozobra*, published in a bilingual edition (English-Spanish) by Artepoética Press. His fine workmanship of the image as well as his particular vision of the surrounding world, make the reading of this book a worthwhile poetic and intellectual adventure. This book has already attracted considerable attention and has received many excellent and encouraging comments from several poets and literary critics, not only for the unique voice he offers us, but also for a singular poetic practice characterized by a mixing of registers and styles.

For example, Carlota Caulfield, Cuban-American poet and Professor in Creative Writing and Latin American Studies at Mills College, wrote that *"Choreographed in Uniform Distress* introduces a young writer of stunning linguistic energy and maturity. What is outstanding in this collection is the clarity of its imagery and its musicality. Reiter's voice is attentive, open and sensuous. Whether talking about dreams and memory, everyday experiences or a cellphone obsession, the poet offers us skillful and poignant images. I delight in the poems where elements of our modern world float, sometimes gently and others fast-paced, weaving not only personal, but also other's experiences into stories. *Choreographed in Uniform Distress/Coreografiados en uniforme zozobra* is a remarkable debut collection. Reiter's poems merit a wide audience".

NOTA DEL TRADUCTOR

Sasha Reiter (nacido en 1996) es un joven poeta dueño de un talento inusual. A pesar de su edad, es un poeta de penetrante visión, madurez, honda sabiduría, y que posee una habilidad poco común para convertir sus experiencias personales en universales. Esto puede apreciarse en los poemas reunidos en su primer libro, *Choreographed in Uniform Distress/Coreografiados en uniforme zozobra*, publicado en edición bilingüe (inglés-español) por Artepoética Press. Su fina construcción de la imagen, así como su particular visión de la realidad circundante, convierten la lectura de este libro en una valiosa aventura intelectual y poética. Este libro ya ha suscitado una considerable atención y ha recibido muchos excelentes y alentadores comentarios de parte de varios poetas y críticos literarios, no solo por la singular voz que nos ofrece, sino también por un ejercicio poético caracterizado por la mezcla de estilos y registros.

Por ejemplo, Carlota Caulfield, la poeta cubano-americana y profesora de Escritura Creativa y Estudios Latinoamericanos en Mills College, ha escrito que *"Choreographed in Uniform Distress/Coreografiados en uniforme zozobra* presenta a un joven escritor de asombrosa madurez y energía lingüística. Lo que es extraordinario en esta colección es la musicalidad y la claridad de sus imágenes. La voz de Reiter es alerta, abierta y sensual. Ya sea que hable acerca de los sueños y la memoria, las experiencias cotidianas o una obsesión con su teléfono celular, el poeta nos ofrece imágenes hábiles e intensas. Me deleito con los poemas donde flotan elementos de nuestro mundo moderno, a veces pausadamente y otras con ritmo rápido, tejiendo historias con experiencias no solo personales sino también de otros. *Choreographed in Uniform Distress/Coreografiados en uniforme zozobra* es un singular primer libro. Los poemas de Reiter merecen un gran público lector".

Regarding Reiter's first book, the Argentinian poet and literary critic Luis Benítez, has written that "Paraphrasing the author, we can say that words come easily to a poet. However, the quality of those words, the exact combination of them, the play of reverberations, the alternations and modifications of meaning that are produced among the chosen words demonstrate that Sasha Reiter is a genuine poet. Reiter's poetry is the evolution from the question to the answer, and from that to the next question. The author understands, very precisely, that contemporary poetry is not a system closed upon itself, but very much to the contrary, a tremendous and risky opening place which directs the reader toward the limits of language and even propels him/her beyond them. Reiter is a builder of meanings that, taken together, form a multi-faceted interrogative, questioning the condition of modern man".

For his part, American poet and Distinguished Lecturer at the City University of New York and Editor of *Review. Literature and Arts of the Americas*, Daniel Shapiro, has stated: "Sasha Reiter's poems display authority and pacing and construction as they meander through the idiosyncrasies of daily life. A promising young voice". And Stephen A. Sadow, literary critic and Professor Emeritus at Boston's Northwestern University, has written that "Sasha Reiter's work is deeply rooted in the American tradition, but more in that of its singers than its poets. Reiter shares the feelings of despair and world-weariness of a Delta bluesman or a country and western singer. His poems are like ballads that tell stories reminiscent of the young Bob Dylan, the young B. B King and the young Johnny Cash. There is also a dose of the self-deprecation practiced by American Jewish comedians like Woody Allen and Rodney Dangerfield".

Acerca del primer libro de Reiter, el poeta y crítico literario Luis Benítez, ha escrito que "Parafraseando al autor, podemos afirmar que las palabras acuden fácilmente a un poeta, más agregar también que es la calidad de esas palabras, la exacta combinación de estas, el juego de reverberaciones, alternancias y modificaciones de sentido que se produce entre esas palabras escogidas, el factor que define que nos encontramos ante un genuino poeta. La poesía de Reiter es un devenir de la pregunta a la respuesta y de esta a la siguiente pregunta. El autor comprende, muy cabalmente, que la poesía contemporánea no es un sistema cerrado sobre si mismo sino, muy por lo contrario, una apertura mayúscula y arriesgada que nos dirige hacia los límites mismos del lenguaje y aun nos impulsa más allá. Reiter es un identificador de sentidos que, en su conjunto, interpelan a la condición del ser humano de nuestro tiempo con un multifacético interrogante".

Por su parte, el poeta estadounidense, Instructor Distinguido de la Universidad de la Ciudad de Nueva York y Director de *Review. Literature and Arts of the Americas*, Daniel Shapiro, ha declarado que "Los poemas de Sasha Reiter exhiben autoridad y firmeza en el ritmo y la estructura mientras serpentean por las idiosincracias de la vida diaria. Una joven y prometedora voz". Y Stephen A. Sadow, crítico literario y Profesor Emérito de la Northwestern University, en Boston, ha escrito que "Los poemas de Sasha Reiter están enraizados en la tradición de los Estados Unidos, pero más en la de sus cantantes que en la de sus poetas. Reiter comparte los sentimientos de desesperación y de hastío hacia el mundo de un cantante de blues del Delta o de uno de canciones de vaqueros. Sus poemas son como baladas que cuentan historias y que nos recuerdan a Bob Dylan, B.B. King y Johnny Cash, cuando eran jóvenes. Hay también una dosis de auto-desprecio a la manera de algunos cómicos estadounidenses judíos como Woody Allen y Rodney Dangerfield".

Born in New York, raised in the Bronx, the son of an Argentinian father and a Peruvian mother, and having attended a public school with a predominantly Latino and Jewish population, Sasha experienced firsthand –according to his own words– "the metaphorical otherness of being both Latino and Jewish". On this level, his poetry is the reflection of both his personal experiences as well as the expression of his political and social beliefs regarding the symbolic, and sometimes very real, walls that divide and separate peoples of different backgrounds, cultures, and mindsets.

With the poems in this new book, Sasha Reiter takes to another level what he had already achieved in his first collection. Fundamentally, Reiter delves into a kind of intelligence and sensibility –which does not shun humor– in the manner of a Paul Gauguin or a César Vallejo; that is, rather post-anthropocentric. Or, in other words, where the myth is not pausterized, but is alive, gathering people together and fostering a live community. This alone sets Reiter apart from a legion of young and not so young poets, attentive in a unique way to themselves or to an oversized private space. Therefore, today and in the projection of this poetry toward the future, we do not find utopias or dystopias in a humanistic way; but, instead, a plunge –with eyelids wide open– toward another instance or condition of language: a knife which cuts flesh, seasons it slowly and then hands it out. Sasha Reiter's poems not only make up the Bronx but also –from a cultural perspective and not merely a geographic one– Peru and, likewise, the academy placed together on the stage. They are, first of all, for eating, for countering a vast creative anemia prevailing throughout the entire world.

Nacido en Nueva York, criado en el Bronx, hijo de padre argentino y madre peruana y habiendo asistido a la escuela pública con estudiantes predominantemente latinos y judíos, Sasha experimentó de cerca –según sus propias palabras– "la otredad metafórica de ser al mismo tiempo latino y judío". En este nivel, su poesía es tanto un reflejo de sus experiencias personales como la expresión de sus creencias políticas y sociales con respecto a los simbólicos –y a veces reales– muros que dividen y separan a las personas de diferentes medios sociales, culturas y formas de pensar.

Con los poemas de este nuevo libro, Sasha Reiter lleva a otro nivel lo que ya lograra en su primer poemario. En lo fundamental, Reiter ahonda en un tipo de inteligencia y sensibilidad –que no rehúye el humor– a lo Paul Gauguin o a lo César Vallejo; es decir, más bien post-antropocéntrico. O, en otras palabras, donde el mito no anda pasteurizado; sino que está vivo, aglutinando a las personas y propiciando una comunidad viva. Esto, de por si, ya lo distingue de una legión de jóvenes y no tan jóvenes poetas, de aquí y de acullá, atentos de modo único a si mismos o a un sobredimensionado espacio privado. Por lo tanto, hoy y en la proyección de esta poesía hacia el futuro, no hallamos utopías ni distopías a la manera humanística; y sí, en cambio, una zambullida –con los párpados bien abiertos– hacia otro momento o condición del lenguaje: un cuchillo que corta la carne, que la sazona con parsimonia y la reparte. Los poemas de Sasha Reiter no solo constituyen el Bronx sino también –desde una perspectiva cultural y no meramente geográfica –el Perú y, asimismo, a la academia puestos juntos en escena. Ellos son ante todo para comer, para contrarrestar una vasta anemia creativa reinante en el mundo entero.

To my mother, que solo hay una.

Understanding does not cure evil, but it is a definite help, inasmuch as one can cope with a comprehensible darkness.

CARL JUNG

La comprensión no cura el mal, pero es una ayuda definitiva, en la medida en que uno pueda sobrellevar una oscuridad comprensible.

CARL JUNG

FUGUE

Last night, I dreamt that I was painting with Carl Jung.
The worst part of spending an afternoon with Carl is that
        he'll giggle
as he tosses a hand in your hair, breaking your focus,
misting Alizarin Crimson against your forehead
like pellets of sweat,
and when he laughs, from the backmost of his gullet,
you can hear his theory on the collective unconscious,
as it flicks itself from his tongue,
as it sticks to your self-portrait,
blotching the thin strokes with a deep tar
that begins at the center, running, soaking through the
        canvas,
a cacophony of sounds from inside the hole,
stretching outward, somehow resembling the funeral
        march
of the second movement of Beethoven's Eroica,
and, regardless of having never heard it,
you know the sound of Midnight Black eating through
the opening that punctures the even caress of Titanium
        White,
the painting paralleling your pupil as vibrations
shake the eggshell around your brain,
slowing the scent of song that becomes heavy
as syrup that is too sweet,
seeping from the center,
reaching a room that ombres pink,
not quite human flesh, more like the skin of a fruit,
not quite an apple,
maybe a plum becoming a peach,
where invisible lines converge,
where Jung's collective unconsciousness
tells you that something waits in the thick black paint,

FUGA

Anoche soñé que pintaba con Carl Jung.
Lo peor de pasar una tarde con Carl es que reirá mientras
        lanza
una mano sobre tu cabello, rompiendo tu concentración,
empañando con carmín alizarina tu frente
como con perdigones de sudor,
y cuando ríe, desde el fondo de su esófago,
puedes oír su teoría sobre el inconsciente colectivo,
justo al salpicar de su lengua,
justo al adherirse a tu autorretrato,
manchando los finos trazos con un alquitrán profundo
que comienza en el centro, escurriéndose, empapando
        todo el lienzo,
una cacofonía de sonidos desde el interior del hueco,
alargándose hacia afuera, semejando en algo la marcha
        fúnebre
del segundo movimiento de la Heroica de Beethoven,
y, sin que importe el nunca haberla oído,
tú conoces el sonido del negro medianoche corroyendo la
        abertura
que perfora la caricia llana del blanco titanio,
la pintura paralela a tu pupila mientras las vibraciones
sacuden la cáscara de huevo alrededor de tu cerebro,
retardando el aroma de la canción que se torna espesa
como un jarabe demasiado dulce,
filtrándose desde el centro,
llegando a una habitación de tonos rosados,
no del todo carne humana, más como la piel de una fruta,
no del todo una manzana,
tal vez una ciruela convirtiéndose en durazno,
donde convergen líneas invisibles,
donde el inconsciente colectivo de Jung

and in the rest of the room,
an orchestra fills the Van Dyke Brown,
already fading into maroon, almost chairs;
the band is measured in rows of faceless musicians,
and Jung stands behind them with confidence,
you barely notice him as each performer lifts their
       instrument,
monstrous combinations of string and brass,
wet reeds and ivory keys;
no one has enough mouths or fingers for their
       equipment,
and you can hear, through the collective,
that no one is playing
anything sensible on their own,
and as you try to focus on one sound at a time,
you make out that each member of the orchestra is
       playing
their own minute piece of Beethoven's symphony,
each one playing that piece somewhat incorrectly,
and together they make music that is falling apart;
each piece amplified by the next,
the sounds pulse as your ears bleed,
but Jung will hand you a handkerchief for your ears
and admit that the collective exists
in the quieter parts of a brain,
and, only every now and again, tries to speak directly,
the way it does regularly for a person this sick,
and he'll point at your portrait.
He'll get serious and say,
this is what it sounds like to be defiled by the universe.

te dice que algo espera en la densa pintura negra,
y en el resto de la habitación,
una orquesta llena el morado Van Dyke,
ya desvaneciéndose en granate, casi sillas;
la orquesta está ordenada en filas de músicos sin rostro,
y Jung se para detrás de ellos con confianza,
y tú apenas reparas en él mientras cada músico alza su
        instrumento,
monstruosas combinaciones de cuerdas y latón,
húmedas cañas y teclas de marfil;
nadie tiene suficientes bocas o dedos para su equipo,
y puedes escuchar, a través del colectivo,
que nadie está tocando nada con sentido por si mismo,
mientras intentas enfocarte en un sonido a la vez,
notas que cada miembro de la orquesta está tocando
su propia pieza diminuta de la sinfonía de Beethoven,
cada uno tocando esa pieza de manera algo incorrecta,
y juntos crean música que se está despedazando;
cada pieza amplificada por la siguiente,
los sonidos pulsan a medida que tus oídos sangran,
pero Jung te entregará un pañuelo para tus oídos
y admitirá que el colectivo existe
en las partes más tranquilas del cerebro
y, solo una que otra vez, trata de hablar directamente,
tal como lo hace regularmente para una persona tan
        enferma,
y señalará tu retrato.
Él se pondrá serio y dirá,
así es como suena ser ultrajado por el universo.

I Ran into the Little Girl in Therapy

I know you saw me last night.
You ran out so fast I might have believed myself a
      monster.
I won't beg you to let me out just listen to *why* you locked
      me away
in this dusty cellar where bony mice eat through
      cardboard
and plastic.

Maybe you thought I would die down here that I would
      shrivel up
like a plant without light but I am the sun and *you* cast
      yourself into shadow
the day you came back different when you looked at me
      in that mirror
with evading eyes with shame
and you smashed my glass so I would never age.

I'm not mad you were small then, but not anymore at
      least let me tell you *why*.
Do you remember what they said about me? Your friends
      their parents?
Does it really matter what they said? Was it really them
      who said it? Or was it you?
Was their love *sweeter* than mine? Was it *greater* than dolls
      prettier than dresses
than the long hair they begged you to cut? Was it more
      important than having a vagina?

You don't have to come back down just look in the
      mirror
past your beard past your eyes your skin
I am not a bad dream I am *that* little girl.

ME TOPÉ CON LA PEQUEÑA NIÑA EN LA TERAPIA

Sé que me viste anoche.
Saliste corriendo tan rápido que podría haberme creído
    un monstruo.
No te suplicaré que me dejes salir solo escucha *por qué* me
    encerraste
en este sótano polvoriento donde ratones huesudos
    comen a través del cartón
y del plástico.

Tal vez pensaste que moriría aquí abajo que me
    marchitaría
como una planta sin luz pero yo soy el sol y *tú* te arrojaste
    en la sombra
el día que volviste distinta cuando me miraste en ese
    espejo
con ojos evasivos con vergüenza
y destrozaste mi vidrio para que nunca envejeciera.

No estoy enojado eras pequeña entonces, pero ya no al
    menos déjame decirte *por qué.*
¿Recuerdas lo que dijeron de mí? ¿Tus amigos sus padres?
¿Realmente importa qué dijeron? ¿Realmente fueron ellos
    quienes lo dijeron? ¿O fuiste tú?
¿Era su amor *más dulce* que el mío? ¿Era *más grande* que las
    muñecas más *hermoso* que los vestidos
que el pelo largo que rogaron te lo cortaras? ¿Era más
    importante que tener una vagina?

No tienes que volver a bajar sólo mira en el espejo
más allá de tu barba mas allá de tus ojos tu piel
no soy un mal sueño soy *esa* niña pequeña.

FOR THE DAMAGED
after Blonde Redhead

I don't write about the future, though I fantasize.
I fantasize that fantasies don't dissipate.

Do we need ourselves?
Could each other be enough?
At some point in time I wanted to believe this,
that unconditional was a sensible word,
that love is enough, and it is better to be lonely than
        alone,
that equally damaged parts could make a whole,
a new whole, almost void of perfection,
perfect in its resistance to break.
Are we stronger together?

Or do weak hands build a weak bridge?
What happens if we both slip, off into the river;
do we grasp at each other for help,
too much water in my eyes,
lungs to see that you're drowning too?

And if I got strong?
If you learned how to swim?
I am afraid of what my future carries,
of who is there with me
or without.

PARA LOS DAÑADOS
a la manera de Blonde Redhead

No escribo sobre el futuro, fantaseo más bien.
Fantaseo que las fantasías no se disipan.

¿Nos necesitamos a nosotros mismos?
¿Podría el uno al otro ser suficiente?
En algún momento quise creer esto,
que incondicional era una palabra sensata,
que el amor es suficiente, y que estar solitario mejor que
            estar solo,
que partes dañadas por igual podrían hacer un todo,
un nuevo tipo de todo, casi vacío de perfección,
perfecto en su resistencia a romperse.
¿Somos más fuertes juntos?

¿O las manos débiles construyen un puente débil?
¿Qué sucede si ambos resbalamos, en caída al río,
nos aferramos uno al otro para ayudarnos,
demasiada agua en mis ojos,
pulmones para ver que también te estás ahogando?

¿Y si me hiciera fuerte?
¿Si aprendieras a nadar?
Tengo miedo de lo que lleva el futuro,
de quién está allí conmigo
o sin mí.

SENSORY OVERLOAD

This "Super Coffee" Recipe is Leaving Doctors Stunned.
Alaska Cruise Packages - 50% Off.
Excessive sitting is slowly killing American desk workers.
Reduce inflammation with hemp-derived CBD while
looking for an epic travel adventure.
Why Antarctica is the *OBVIOUS* choice.
Are you using q-tips? Your ears are likely filthy inside.
CBD and it's proven health benefits revealed
by odd carb trick that burns up to 1LB per DAY.
Alaska... it's like no other place you've ever seen.
Prevent and treat toenail fungus with this:
Dealers are immediately clearing lots of your discolored
          nails,
which could be infected by your attempt to be more
          active
at the awe inspiring beauty of Alaska
and improve the lighting in your garage or workspace,
which is a permanent solution to last minute cruise
          packages
from your car outfitted with your standing desk order!
But be careful, low-t is taking over your man.
Looking for a stair lift for your home?
Looking for a stair lift for your body?
Looking for a cruise to anywhere but here?
Looking for something to take away the pain?
All of it?
Everything?

SOBRECARGA SENSORIAL

Esta Receta de "Súper Café" está Dejando Aturdidos a
   los Médicos.
Paquetes de cruceros para Alaska: 50% menos.
Sentarse en exceso está matando lentamente a los
   oficinistas de los Estados Unidos.
Reduce la inflamación con CBD, derivado del cáñamo,
   mientras
buscas tu épica aventura turística.
¿Por qué la Antártida es la opción *OBVIA*?
¿Estás usando q-tips? Es muy probable tengas los oídos
   sucios por dentro.
CBD y sus comprobados beneficios para la salud
   revelados
por un singular truco de carburo que quema hasta 1
   LIBRA por DÍA.
Alaska... un lugar como ningún otro que antes hayas visto.
Prevén y trata el hongo de las uñas con esto:
Los distribuidores despejan en el acto tus uñas
   descoloridas,
que podrían infectarse por tu intento de ser más activo
ante la pavorosa e inspiradora belleza de Alaska
y mejorar la iluminación de tu garaje o de tu espacio de
   trabajo,
lo cual es una solución permanente a los paquetes de
   cruceros de último minuto
desde tu carro equipado con tu fijo pedido de escritorio!
Pero debes tener cuidado, la baja testosterona se está
   apoderando de tu hombre.
¿Buscas un elevador de escalera para tu hogar?
¿Buscas un elevador de escalera para tu cuerpo?
¿Buscas un crucero para cualquier parte menos para acá?
¿Buscas algo para quitar el dolor?
¿Todo eso junto?
¿Completo?

THE WOLF

Son, I'm afraid you're like me.
Knees kissing the ground,
I asked that you be spared,
but every man cut from our cankered cloth is
        condemned.
The water that makes up more than half of your body is
        boiling,
burning the bedlam that howls and kicks,
alive in your chest.
It will push at your skin, try to break free,
don't let it out through your mouth.
Build a cell from the flesh of your heart, keep it docile.
Out in the night its headlight eyes
will render friends still as deer,
swerve and drive them away like I did your mother.
Learn to be quiet, ingest and keep it down
until only you can see it.
When people love you from afar, do what I do-
absorb your ambition,
consume the commotion in the corners of your mind,
devour all devotion, put down your passion,
wipe clean your teeth and
swallow the wolf.

EL LOBO

Hijo, temo que eres como yo.
Con las rodillas besando el suelo,
rogué que te perdonaran,
pero cada hombre cortado de nuestra ulcerosa tela está
      condenado.
El agua que conforma tu cuerpo en mas de la mitad,
      hierve,
quema el alboroto que aúlla y patea,
con vida en tu pecho.
Empujará contra tu piel, intentará liberarse,
no permitas que salga por tu boca.
Construye una célula de la carne de tu corazón, mantenla
      dócil.
Afuera por la noche, sus ojos de faro
revelarán amigos quietos como ciervos,
los desviarán y alejarán como yo a tu madre.
Aprende a estar en silencio, ingiere y mantén la calma
hasta que solo tú puedas verlo.
Cuando la gente te ame desde lejos, haz lo que yo hago-
refrena tu pasión,
consume la hecatombe en los rincones de tu mente,
devora toda devoción, apaga tu deseo,
limpia tus dientes y
trágate al lobo.

DEPRESSION (OR) CURE FOR EMOTION

I'm going to tell you something that helps:
Take a blanket, at least 2-3 cm thick, and fold it in half.
This needs to be a big blanket mind you,
I'd say about one to two meters.
The next thing you need to do is find the pain.
For me, it's usually the stomach, but let's says this
time it's somewhere in your brain, maybe it's right where
the brain splits in two, along the crease,
where blood vessels thump over each other in
            miscommunication.

Next wrap that blanket around said crease, brain,
the head may be easiest. Cover the wound.
Wrap once or twice and hold tight.
Keep holding. Keep holding until your head feels dizzy
and your fingers become sculpted into place,
holding the blanket, until your brain stops working
until you feel the wound fighting to get out,
but you hold that blanket well past the point of health,
you hold that blanket until your arms
fall off and you can't feel anything at all.
You hold that blanket until there is no blanket or crease
in the brain or head or you and you'll never need to hold
anything or feel anything again,
let alone a pain in your head.

DEPRESIÓN (O) CURA PARA LA EMOCIÓN

Te diré algo que ayuda:
Coge una manta, de al menos 2-3 cms de grosor, y
      dóblala por la mitad.
Debe ser grande, tenlo presente,
diría de uno a dos metros.
Lo siguiente que debes hacer es encontrar el dolor.
Para mí, generalmente es en el estómago, pero digamos
      que esta vez
está en algún lugar de tu cerebro, tal vez esté justo donde
este se divide en dos, a lo largo del pliegue,
donde los vasos sanguíneos se dan de puñetazos por falta
      de comunicación.

Luego, envuelve dicha manta alrededor del pliegue
      cerebral,
la cabeza puede ser mas manejable. Cubre la herida.
Envuélvela una o dos veces y mantenla apretada.
Sigue apretando. Sigue apretando hasta que tu cabeza se
      sienta mareada
y tus dedos queden esculpidos en el sitio,
sosteniendo la manta, hasta que tu cerebro deje de
      funcionar,
hasta que sientas la herida luchando por salir,
pero sostienes esa manta mas allá del punto de salud,
sostienes esa manta hasta que tus brazos
se desprenden y no puedes sentir ya nada en absoluto.
Sostienes esa manta hasta que no hay mas manta o
      pliegue
en el cerebro o la cabeza o en ti y nunca más tendrás que
      sostener
nada ni sentir nada otra vez,
y mucho menos un dolor en tu cabeza.

THE MAN

Once we were the boy, small and unafraid,
we lived in a field of sunflowers and everyday played,

but things change, and others moved in,
they began building houses and asked us to trim
the weeds and sow their crops,
and sooner or later the playing stops,
it was then that we split and packed away
the voices inside that could not stay,

the field became theirs and I moved into
the forest that everyday grew
into miles and miles of dark wood that crossed
rivers and mountains and soon I was lost,
so I gave up fighting nature
and wolves and goats came out of the fracture
of shadow between trees,
and dragged me away in tears on my knees,

I saw faces of devils and crowns of thorns,
became a king amongst people from other worlds torn,
I blackened my heart and became a man,
I found my way out of this cursed land
by listening to the spirits, I heard of a king
who let the devils in
and left us all to sift through his crap,
so I took off, this time with a gun and a map,
I came upon a tower of wood and limestone
that I climbed until I found you alone
with a mirror squeezed tightly between your fingers,
I was ready to pull the fucking trigger,
but I stopped and fell to the ground as I asked

EL HOMBRE

Fuimos una vez el niño, pequeño y sin miedo,
vivíamos en un campo de girasoles y siempre jugando,

pero las cosas cambian y otros entraron,
comenzaron a construir casas y nos pidieron podar
las hierbas y sembrar sus cultivos,
y tarde o temprano los juegos pararon,
fue cuando nos separamos y empacamos
las voces de adentro que no pudieron quedarse,

el campo se convirtió en el de ellos y me mudé
al bosque que cada día crecía
por millas y millas de oscura madera que cruzaba
por ríos y montañas y pronto me perdí
así que dejé de luchar contra la naturaleza
y lobos y cabras salieron de la grieta
de la sombra entre los árboles,
y me arrastraron en lágrimas sobre mis rodillas,

vi rostros de demonios y coronas de espinas,
me convertí en rey entre las gentes de mundos
          desgarrados,
ennegrecí mi corazón y me hice hombre,
encontré mi salida de esta tierra maldita
al escuchar a los espíritus, escuché del rey
que dejó entrar a los demonios
y nos confió a todos escarbar su basura,
así que me fui, esta vez con una pistola y un mapa,
me topé con una torre de madera y piedra caliza
que escalé hasta encontrarte sola
con un espejo apretado fuertemente entre tus dedos,
yo estaba listo para apretar el puto gatillo

you to help me find those other voices we cast
away into caves into trees into sun,
to put us back together as one,
and you turned to me, I can still hear you say,
there is nothing I can do to make things okay
and you can't kill me with that gun anyway,
take this dose, and forget what you saw here today,
but I remember it all to this day.

pero me detuve y caí al suelo pidiéndote
ayuda para encontrar esas otras voces que lanzamos
al interior de las cuevas los árboles el sol,
para unirnos de nuevo como uno,
y te volviste hacia mí, todavía puedo oírte decir
no hay nada que pueda hacer para arreglar las cosas
y de todos modos no puedes matarme con esa arma,
toma esta dosis y olvida lo que viste hoy aquí,
pero todo lo recuerdo hasta el día de hoy.

BENCHED

At dinner, I almost knock over my father's wine
and he says that the first thing I did was give him a scare.
That I strangled myself with my own umbilical cord.
That the doctors said I was born with my eyes open and I
        didn't cry.
That I was yellow with Jaundice and my head
came out misshapen, like a cone.
My girlfriend laughs and says I probably looked like a
        minion,
and my mother loves this.
She's in stitches, reaching an arm for my slouched
        shoulder
across the table, not connecting.
Now it's her turn and she says
I would sit on the bench with her, begging for stories,
asking questions in Spanish.
Friends in the sandbox ripped toys from hands
and chased each other down slides, on tire swings,
passing basketballs that rolled onto the street,
where cars whisked the scent of combustion into our sky.
Other moms would sit together,
sometimes walking over to comment on how I was
        already two
and I should be playing with other children, speaking
        already.
They thought I was babbling
and my mother thought their ignorance was priceless.

But Mamá, what if it was worse than babbling?
If I vomit with words because I am ill with thoughts?
If it's congenital?

EN EL BANCO DE SUPLENTES

Durante la cena, casi derribo el vino de mi padre
y él dice que lo primero que hice fue darle un susto.
Que me estrangulé con mi propio cordón umbilical.
Que los doctores dijeron que nací con los ojos abiertos y
        no lloré.
Que estaba amarillo por ictericia y que mi cabeza
salió deforme, como un cono.
Mi novia ríe y dice que probablemente parecía un rufián,
y mi madre se deleita con esto.
Se desternilla de risa, estirando un brazo hacia mi hombro
        encorvado
sobre la mesa, sin conectar.
Ahora es su turno y dice
que me sentaba en el banco con ella, pidiendo historias,
haciendo preguntas en español.
En el cajón de arena mis amigos se arranchaban los
        juguetes de las manos
y se perseguían unos a otros en toboganes, columpios de
        llantas,
tirándose pelotas de baloncesto que rodaban hacia la calle,
donde los carros despedían el olor de su combustión
        hasta nuestro cielo.
Otras mamás se sentaban juntas,
a veces se acercaban para comentar que yo ya tenía dos
        años
y que debería estar jugando con otros niños, hablando ya.
Pensaban que estaba chapurreando
y mi madre pensaba que la ignorancia de ellas no tenía
        precio.

Pero mamá, ¿y si es algo peor que chapurrear?
¿Si vomito con palabras porque estoy enfermo de
        pensamientos?

What if I turned three and was still on the bench?
If two decades have passed and I haven't gotten up?

I go to therapy or take pills or both or I eat or smoke
or sew my mouth shut with sheer will.

What if there are people in my stomach, Mamá?
If they climb up my tongue, if I hear them in my head
All the time?
What if they need to speak, too?
If I don't want them to?

My mother doesn't answer because I am not with her.
She chuckles, her fingers finally landing on my deltoid,
the warmth of her palm marking the nape of my neck
as she squeezes with love.
My father listens intently while my girlfriend tells a more
        recent story.

We're all there, the voices and I, sitting on the bench,
where it is safe, away from rolling basketballs and fast
        cars,
from toy nabbers and sizzling aluminum slides or
        awkward
conversations and dinner tables. I wait here, and I open
        my maw,
my mouth oozes with intention and I don't know how
        else to cork it.

¿Si es congénito?
¿Qué pasa si ya cumplí tres años y todavía sigo en el
          banco?
¿Si han pasado ya dos décadas y no me he levantado de
          allí?

Voy a terapia o tomo píldoras o ambas o como, fumo
o me coso la boca a pura fuerza de voluntad.

¿Qué pasa si hay gente en mi estómago, mamá?
¿Si suben por mi lengua, si los escucho en mi cabeza
 todo el tiempo?
¿Qué pasa si ellos también necesitan hablar?
¿Si no quiero que lo hagan?

Mi madre no responde porque no estoy con ella.
Suelta una risa, sus dedos aterrizan finalmente en mi
          deltoides,
el calor de su palma marca mi nuca
mientras la aprieta con amor.
Mi padre escucha atento mientras mi novia cuenta una
          historia más reciente.

Todos estamos allí, las voces y yo, sentados en el banco,
donde se está a salvo, lejos de rodantes pelotas de
          baloncesto y autos veloces,
de arranchadores de juguetes y candentes toboganes de
          aluminio o incómodas
conversaciones de sobremesa. Espero aquí, y abro las
          fauces,
mi boca exuda intención y no sé cómo más encorcharla.

THE RAIN

Mother watches us
And cries.
I follow her tears,
As they drown the gutters on the roof
Of the house next door.
Gallons drop down,
Like h-bombs;
Smacking against the tar,
Against the footsteps,
Against the memories,
Erasing traces of tears
And laughter.

In the damp
And humid aftermath,
Only the tangible remains.

People look to their feet,
Swallow themselves in tarps,
As cars drift over newborn creeks
And hurry home to hide.
I used to love
The sound of her wails in the sky.
And outside,
Under her veil,
I was alone with her,
And free.

But today,
I am one of them.
Her sadness is my prison.
I cower inside.

LA LLUVIA

Madre nos mira
Y llora.
Sigo sus lágrimas
Mientras ellas ahogan las canaletas del techo
De la casa de al lado.
En galones caen,
Como bombas H;
Dando manotazos contra el alquitrán,
Contra los pasos,
Contra los recuerdos,
Borrando rastros de lágrimas
Y risa

En la humedad
Y sus secuelas húmedas,
Solo lo tangible permanece.

La gente mira a sus pies,
Se tragan en sus lonas,
Mientras los autos flotan a la deriva sobre los arroyos
        recién nacidos
Y se dan prisa para refugiarse en sus casas.
A mi me encantaba
El sonido de sus lamentos en el cielo.
Y afuera,
Bajo su velo,
Estaba solo con ella,
Y libre.

Pero hoy en día,
Soy uno de ellos.
Su tristeza es mi cárcel.
Me arrugo por dentro.

I watch
Words sink to the bottom
Of the splattered coffin,
As I cling
To what is left of my soul.

Observo
Las palabras se hunden hasta el fondo
De un ataúd salpicado,
Mientras me aferro
A lo que queda de mi alma.

DO I COME FROM THE BRONX?

If the Bronx is a gradient of love stories
told in different tongues,
then South Riverdale and Kingsbridge were
where those tongues wrapped themselves around me.
But Riverdale is not the Bronx, he says.
Kingsbridge is bachata bursting
through your window at 2AM.
It's brown cops crying in the space
between their heart and their hip.
Brown boys bringing knives to school
because bullies hate fags.
A thin, grey dude waiting under the shade of tanned
        brick,
offering me sketch cocaine.
At 15, me buying a homeless man that cocaine for 10$.
It's the creep following that 12 year old girl,
whistling softly about her ass.
It's a cold coquito on a hot summer day.
Outstretched blocks of families mixing together,
singing and dancing all night despite the gutters,
because of the gutters.
It's gutters that fill up with fire hydrant water
to turn a place of pain into a waterpark.
It's children and mommies and titi's
who wouldn't call it a place of pain.
I grew up at the bottom of Riverdale,
on the top of the hill that melts into Kingsbridge.
I grew up in white parks,
with silent nights enveloped by Jewish families
increasingly annoyed by brown mothers
like mine moving in,
where people from Kingsbridge worked hard

¿SOY DEL BRONX?

Si el Bronx es una pendiente de historias de amor
contadas en lenguas diferentes,
entonces South Riverdale y Kingsbridge eran
donde aquellas lenguas se envolvieron a mi alrededor.
Pero Riverdale no es el Bronx, dice él.
Kingsbridge es una bachata que irrumpe
por tu ventana a las 2AM.
Policías morenos llorando en el espacio
entre su corazón y su cadera.
Muchachos morenos que traen cuchillos a la escuela
porque los matones odian a los maricas.
Un tipo flaco y gris acechando bajo la sombra de ladrillos
        tostados,
ofreciéndome paquetitos de cocaína.
A los 15, yo comprándole a un desamparado cocaína por
        10$.
Es el depravado que sigue a esa niña de 12 años,
silbándole suavemente a su trasero.
Es un coquito frío en un caluroso día de verano.
Alargadas cuadras de familias que se mezclan,
cantando y bailando toda la noche a pesar de las canaletas,
debido a las canaletas.
Canaletas que se llenan con el agua de los grifos de
        incendio
para trocar un lugar de dolor en un parque acuático.
Son los niños, las mamás y las titis
quienes no lo llamarían un lugar de dolor.
Crecí al fondo de Riverdale,
en la cima de la colina que se derrite en Kingsbridge.
Crecí en parques blancos,
con noches silenciosas envueltas por familias judías
cada vez más enojadas con aquellas madres morenas

to have their kids grow up,
asking my best friend why he wouldn't
let me go over to his house,
watching Rabbis talk down to Jews too poor
to afford community membership.
Maybe Riverdale is already not the Bronx,
but I've spent nights dancing to that 2AM bachata
booming from a parked car.
I've tasted the sweetness of those coquitos
and the saltwater tears
of mothers who pray at night to an indifferent,
secretly American God
who keeps the bridge gates closed.
Maybe I am not from the Bronx,
maybe I am the unintentional child
of a cultural lovemaking
so full of rape and cariño that I get to draw the lines
of where my Bronx ends and where it begins.

como la mía que allí se mudan,
donde la gente de Kingsbridge trabajó duro
para que sus hijos crecieran,
preguntándole a mi mejor amigo
por qué no me dejaba visitar su casa,
observando a los rabinos hablar con desprecio a los
        judíos
demasiado pobres como para pagar la membresía de la
        comunidad.
Quizás Riverdale ya no sea el Bronx,
pero he pasado noches bailando al compás de esa bachata
        de las 2 AM
retumbando desde un automóvil estacionado.
He probado la dulzura de esos coquitos
y las lágrimas de agua salada
de las madres que rezan de noche a un Dios indiferente,
secretamente estadounidense
quien mantiene cerradas las puertas del puente.
Quizás no soy del Bronx,
tal vez soy el hijo involuntario
de un acto de amor cultural
tan lleno de violación y cariño, que me permite marcar las
        líneas
de dónde termina mi Bronx y de dónde comienza.

PROPHECY ABOUT US

Illness spreads like fire in the Amazon.
Soon the rainforest will be gone
and in its place will be factory farms
and a reminder that I used to be vegetarian and recycle
and care at all about the future
and our planet or others or even me.
The first natural disasters will be the smallest,
but they will fell us at an accelerated rate, and among
        others,
I will make it, surprisingly, to the big one, which,
        ironically,
won't be the last, but will be the end of us.
Maybe I was born at the end, so that, for one,
brief, final moment,
I could scribe the earth in my eyes.
Just before we die, I die,
and during the seconds in which memory
is allowed an exit, I, who am the human,
that is the human race,
will understand the extent of what I, we, will have lost.
When the last of us have had our
private moments with Earth,
those moments will disappear
behind the moments of they that come next,
and those moments, too, will,
as all things do,
disappear behind moments.

PROFECÍA SOBRE NOSOTROS

La enfermedad se propaga como el fuego en la Amazonía.
Pronto la selva tropical se habrá ido
y en su lugar quedarán granjas industriales
y un recordatorio de que solía ser vegetariano y reciclaba
y me preocupaba por el futuro
y de nuestro planeta y de otros e incluso de mí.
Los primeros desastres naturales serán los más pequeños,
pero nos caerán a un ritmo acelerado, y entre otros,
lograré llegar, sorprendentemente, al mas grande,
que, irónicamente, no será el último, pero será nuestro
        fin.
Tal vez nací al final, para que por un único,
breve momento final,
pudiera trazar la tierra en mis ojos.
Justo antes de morirnos, muero yo,
y durante los segundos en que se le permita
una salida a la memoria, yo, que soy el humano,
es decir la raza humana,
comprenderé el alcance de lo que yo,
nosotros habremos perdido.
Cuando los últimos de nosotros hayamos tenido
nuestros momentos privados con la Tierra,
esos momentos desaparecerán
detrás de los momentos de aquellos que vienen después,
y estos momentos también desaparecerán,
como lo hacen todas las cosas,
detrás de otros momentos.

A HUNDRED SECONDS

The boyfriend's arm
Reaches for his partner
From inside the Gondola.
She places it somewhere,
And strides forward,
Her legs cut densely
Into my boat.
They shift awkwardly,
As I reel in the ropes.

The man tips me well,
Before we peel away
From the dock.
He hands me a camera to
Capture the moment.
He asks that I sing a song.
We don't do that anymore, I say,
But I sing one anyways.

Sommergimi di carezze
fino a farmi affogare.

The melody,
Like crystalized honey,
Carries us down
The grand canal
Into smaller streams
Into the shade
Beneath a bridge.

CIEN SEGUNDOS

El brazo del novio
Se alarga hacia su compañera
Dentro de la góndola.
Ella lo pone en alguna parte,
Y da una zancada hacia adelante,
Sus piernas cortan denso
En mi bote.
Oscilan sin garbo,
Mientras enrollo las sogas.

El hombre me da una buena propina
Antes de desprendernos
Del muelle.
Me da una cámara para
Capturar el momento.
Me pide que cante una canción.
Ya no hacemos eso, le digo,
Pero igual canto una.

Sommergimi di carezze
fino a farmi affogare.

La melodía,
Como miel de cristal
Nos lleva abajo
Al gran canal
Hacia corrientes mas pequeñas
Entre la sombra
Debajo de un puente.

His arm grows thick
As it wraps itself around her.
She forces a smile
Sitting still in her face
In his embrace,
And he frowns.
His arm retreats
In the cold air.

I end my song.
The silence
Spills from my boat
Where it is
Consumed by the deep,
Polluted waters,
That have already eaten
The foundation of our city.

The clouds fatten
As we are torn from the shade
Of abandoned houses.
They paint over the sun,
And I see turmoil
Stir through
The boyfriend's flushed cheeks.
His knees
Knock into hers.
I think he might be sick,
And I begin to ask that he
Direct his complaints to the sea,
But his arm
Struggles back to life.
It slides into his pocket.
It fumbles and stiffens.
It pauses,

Su brazo se vuelve denso
A medida que se enrolla en torno a ella.
Ella fuerza una sonrisa
En su rostro sentada quieta
En su abrazo
Y él frunce el ceño.
Su brazo se retira
En el aire frío.

Termino mi canción.
El silencio
Se derrama por fuera de mi bote
Donde es consumido por las profundas
Y contaminadas aguas,
Que han corroído
Los cimientos de nuestra ciudad.

Las nubes engordan
Mientras somos arrancados de la sombra
De casas abandonadas.
Ellas pintan sobre el sol
Y veo la agitación
Revolverse
Por las mejillas sonrojadas del novio.
Sus rodillas
Golpean las de ella.
Pienso que podría sentirse indispuesto
Y empiezo a pedirle que
Dirija sus quejas al mar,
Pero su brazo
Lucha por volver a la vida.
Se desliza en su bolsillo.
Se mueve torpe y pone rígido.
Hace una pausa,

And I reach for the camera,
But the man
Meets my gaze,
Holding his future
For a hundred seconds,
He shakes his head softly
Before pulling his hand out
Into my boat,
Dead and empty.
And I take us back
Into the crowd
Of the largest gap.

E intento coger la cámara
Pero el hombre
Encuentra mi mirada,
Sosteniendo su futuro
Por cien segundos,
Menea suavemente la cabeza
Antes de sacar su mano
Al interior de mi bote,
Muerto y vacío.
Y yo nos llevo de regreso
Entre la multitud
Del gran canal.

MADRE SOLO HAY UNA
after Jamaica Kincaid

Hijito lindo, eso es un pájaro, no paju paju,
tienes que ponerte los pantalones antes que los zapatos,
estos son los pasos para cepillarse los dientes,
come esto, será tu gente,
don't get so angry at him, he just wants what is best for
        you,
esto es lo que el arte significa para mi,
aprieto a la gente en la arcilla y me cocino en el horno
        dorado,
I'll make one of you,
oh Hijito, you're in love, así es como se siente el amor,
never do anything with a girl
unless you are sure she is comfortable with it,
siempre pregunta si está incómoda,
are you interested in any girls yet?
las imaginas en ropa íntima?
your father and I didn't need condoms
because I was on birth control,
pero siempre debes usar los dos,
stop arguing with him, ves lo que le hiciste hacer?
por qué siempre eres tan difícil?
If I knew you in school, I wouldn't be friends with you
because I would think you were weird
no te preocupes por mi,
they said I can come home in a week,
see, I can already speak when I cover
the hole they cut in my throat,
ni me cuesta,
come watch this with me, it will change your view on the
        world,
no voy a malograr el final esta vez,

MADRE SOLO HAY UNA
a la manera de Jamaica Kincaid

Hijito lindo, eso es un pájaro, no paju paju,
tienes que ponerte los pantalones antes que los zapatos,
estos son los pasos para cepillarse los dientes,
come esto, será tu gente,
no te enojes tanto con él, solo quiere lo mejor para ti,
esto es lo que el arte significa para mi,
aprieto a la gente en la arcilla y me cocino en el horno
        dorado,
haré uno de ti,
oh Hijito, estás enamorado, así es como se siente el amor,
nunca hagas nada con una chica
a menos que estés seguro de que se siente cómoda,
pregunta siempre si le incomoda,
¿estás ya interesado en alguna?
¿las imaginas en ropa íntima?
tu padre y yo no necesitábamos condones
porque estaba en control de la natalidad,
pero siempre debes usar los dos,
deja de discutir con él, ¿ves lo que le hiciste hacer?
¿por qué siempre eres tan difícil?
Si te hubiera conocido en la escuela, no sería tu amiga
porque pensaría que eres raro,
no te preocupes por mi,
ellos dijeron que podría volver a casa en una semana,
ves, ya puedo hablar cuando cubro
el agujero que me cortaron en la garganta,
ni me cuesta,
ven a ver esto conmigo, cambiará tu visión del mundo,
no voy a malograr el final esta vez,

Hijito, you are so angry all the time,
te dije que no te preocupes por mi,
remission is the best thing they could have told us,
no more chemo, Hijito, solo pastillas,
and lost cartilage in your nose, loss of eyesight, evening,
lo siento, desearía poder volver a una época
en la que pudiera sostener tus dos pies
en mis manos y ser una persona diferente,
I am sorry, Hijo, I didn't see how much pain you were in,
I am sorry, Mamá, I never stopped being angry.
I am sorry that for all I have been given,
you couldn't be the thing that stays.

Hijito, estás tan enojado todo el tiempo,
te dije que no te preocupes por mi,
la remisión es lo mejor que pudieron habernos dicho,
no más quimioterapia, Hijito, solo pastillas,
y pérdida de cartílago en la nariz, pérdida de la vista, atardecer,
lo siento, desearía poder volver a una época
en la que pudiera sostener tus dos pies
en mis manos y ser una persona diferente,
lo siento, Hijo, no vi cuánto dolor estabas sintiendo,
lamento, mamá, nunca haber dejado de estar enojado.
Lamento que, a pesar de todo lo que me han dado,
no puedas ser tú lo que queda.

EXIT, STAGE LEFT

The play is a lie.
And when it ends,
The people
File from the theater en masse,
Through the city,
Back toward the trees.

I hang my head
Over the script.
I turn it around
And scribble my manifesto,
My letter of resignation,
The one they won't accept.
Not because
They love me,
Or because
They want me,
They do not want me.
The show must go on.
But the audience
Has gone.

I put in two weeks,
As they shred the letter.
You, too, will turn away
From the letter.

Those scribbles you
Cannot read,
Though you could.
Though you won't
Tell me I'm pretty

MUTIS, ESCENARIO IZQUIERDA

La obra es una mentira.
Y cuando termina
La gente sale del teatro en masa y en fila,
Atravesando la ciudad,
De vuelta hacia los árboles.
Cuelgo mi cabeza
Sobre el libreto.
Le doy la vuelta
Y garabateo mi manifiesto,
Mi carta de renuncia,
La que no aceptarán.
No porque
Ellos me amen,
O porque
Me quieran,
No me quieren.
El espectáculo debe seguir.
Pero el público
Se ha ido.

Calculo dos semanas,
Hasta que trituren la carta.
Tú también le darás la espalda
A la carta.

Esos garabatos que
No puedes leer,
Aunque sí podrías.
Aunque no lo harías
Dime que soy lindo

Or that I matter
To you.
Or touch me,
Look me in the eyes.

You hold me from a distance.
You hear me call
And it echoes.
Cries ripple through the pit.
Not because
You love me,
Or because
You want me,
Because you do not want me.

If life is a stage,
Then I forgot my lines
And I monologue
To no one.

But there is one thing
I can take for myself.

And I steal away in the night,
Back toward the trees.

The rough hay strings
Latch onto one another
Fingers intertwined,
Afraid to let go,
And they stretch up tall,
Grasping desperately at
The branches,
Open wide,
Regal and soft.

O que te
Importo.
O tócame,
Mírame a los ojos.

Me abrazas desde lejos.
Me oyes llamar
Y hace eco.
Los llantos ondulan sobre el pozo.
No porque
Me ames,
O porque
Me quieras,
Porque no me quieres.

Si la vida es un escenario,
Olvidé mis líneas
Y monologo
Para nadie.

Pero hay una cosa
Que puedo hacer por mí mismo.

Y me escabullo en la noche,
De vuelta hacia los árboles.

Las ásperas cuerdas de heno
Se aferran unas a otras
Dedos entrelazados,
Con miedo a soltarse,
Y se estiran muy alto,
Prendiéndose desesperadamente a
Las ramas
Abiertas,
Regias y suaves.

They hold onto me now,
A sturdy embrace
A caress
Against skin,
Once smooth.

The wind applauds.
The trees cheer my name.
The falling leaves
Whisper gently into my ear.
They tell me
I am pretty
And wanted
And heard
And loved.

Ahora me sujetan,
Un fuerte abrazo
Una caricia
Contra la piel,
Otrora suave.

El viento aplaude.
Los árboles corean mi nombre.
Las hojas que caen
Susurran tiernamente en mi oído.
Me dicen
Que soy bonito
Y que me quieren
Y que me escuchan
Y que me aman.

WHY DO I LOVE YOU, NEW YORK?

When I hate you for what you've made me,
for the black lumps that spot your sidewalks,
the bird shit and thick air I almost can't breathe without
         coughing.

Cats battle for warmth under
precious cars hoarded
among your litter lined gutters.
A testament to human garbage.

The rotten apple,
capital of a dying world,
where no one sleeps,
but no one is quite awake either.

Like the Ottomans,
your days of empire are numbered,
and your pot melts unevenly
in the streets of Gomorrah.

We get used to you,
but who wants to love someone they need to *get used to*.
Piss stained train carts drag groped women
to subsidised housing districts,
shoulders pull skeletons nowhere at great speeds
and in the twilight of neon mess,
filth breeds filth
and angels lay in street corners
to die.

¿POR QUÉ TE AMO, NUEVA YORK?

Cuando te odio por lo que de mí hiciste,
por los terrones negros que manchan tus aceras,
la mierda de pájaro y el aire espeso que casi no puedo
      respirar sin toser.

Pelean los gatos por el calor debajo
de los costosos carros amontonados
entre tus alineadas canaletas de basura.
Un testimonio de la basura humana.

La manzana podrida,
capital de un mundo moribundo,
donde nadie duerme,
pero donde nadie tampoco está despierto.

Como el de los otomanos,
tus días de imperio están contados,
y tu crisol se derrite de modo desigual
sobre las calles de Gomorra.

Nos acostumbramos a ti
pero quién quiere amar a alguien a quien uno necesita
      acostumbrarse.
Los vagones del tren, manchados de orina, arrastran a
      mujeres manoseadas
a barrios de viviendas subsidiadas,
los hombros tiran de sus esqueletos a ninguna parte a
      gran velocidad
y en el crepúsculo del caos de neón
la suciedad genera más suciedad
y los ángeles se tienden en las esquinas
para morirse.

PROPHECY ABOUT GOD

When I grip the straight razor
to peel off my beard,
to see what they meant when they said
we were made in her image,
My hand hesitates.

Unready, I turn the blade to hairless skin,
milking distraction,
I plug my throat with potent drugs and dream
that she will come back,
that she will see
how death has its tendon hooked in
the spot she left
a spot I am not sure
even she could fill again.

Teach us how to grab death back,
to use it.
We want to be fallen angels
who rise up from the ashes
to become something, no longer avian,
no longer dead.
Teach us how to breathe again.

I watch for her
in tangled puffs of smoke,
in the pupil of my cat's eye,
in dreams and moments,
in my mother.

PROFECÍA ACERCA DE DIOS

Cuando agarro la navaja de barbero
para pelarme la barba,
para ver qué querían decir cuando dijeron
que fuimos creados a imagen de ella,
mi mano vacila.

Desprevenido, hago girar la navaja a la piel sin pelo,
exprimiendo distracción,
atoro mi garganta con drogas potentes y sueño
que ella volverá,
que ella verá
cómo la muerte tiene su tendón enganchado
en el punto que dejó
un punto que no estoy seguro
si incluso ella podría volver a llenar.

Enséñanos cómo apresar a la muerte otra vez,
a usarla.
Queremos ser ángeles caídos
que se alzan de las cenizas
para convertirse en algo, ya no alado,
ya no muerto.
Enséñanos a respirar de nuevo.

La espero
entre enredados soplos de humo,
en la pupila del ojo de mi gata,
en sueños y momentos,
en mi madre.

I pray like I used to
when I thought god was spelled God.
I pray in the pandemonium that formed a council in my
brain
the first time I saw my face, my body.
I remember her
hands looked like mine.

Rezo como solía hacerlo
cuando pensaba que dios se deletreaba Dios.
Rezo en el pandemonio que formó la asamblea en mi
cerebro,
cuando vi mi cara, mi cuerpo por primera vez.
Recuerdo que las manos de ella
se parecían a las mías.

PORTRAIT OF THE POET AS AN OLD MAN

Einstein haired riddler,
weaver of dreams,
smile with your eyes,
show me the beauty in struggle,
out from the dim light of hellfire,
from the bottle and burn,
from the comfort of home,
from take two, a child.
But teeth weaken,
chafe against nerves,
a vacuum removes wasted memories,
scattered out of file,
restless muscles are tightened
as they resist the comfort of a mattress,
and it dawns on you that the shadow above
had never stopped looming,
but those eyes,
those eyes never change.

RETRATO DEL POETA VIEJO

Hacedor de acertijos y cabello a la Einstein,
tejedor de sueños,
sonríe con tus ojos,
muéstrame lo bello de la lucha,
fuera de la tenue luz del fuego infernal,
de la botella y la quemadura,
de la comodidad del hogar,
de la toma dos, un niño.
Pero los dientes se debilitan,
se rozan contra los nervios,
un vacío extirpa los gastados recuerdos,
dispersos fuera del archivo,
los inquietos músculos se tensan
al resistir la comodidad de un colchón,
y se te ocurre que la sombra, encima,
nunca dejó de acecharte,
pero esos ojos,
esos ojos jamás cambian.

THE SHADOW

Those blue pills stop working as fast as they start.
Maybe your genes were broken
or you tried too hard to forget
the parts of you that others didn't like
or maybe it was how rejected you felt
after they stopped touching you when you were three.
It never really mattered why.
You are wrong.
I can fix that for you.
I know exactly how the world should look-
the length of your hair of your nails of your package.
I can help you see what I see.

Don't fight me, let me into your skin.
You won't be alone again, I'm always behind you.
Put the paintbrush down, close the blinds,
I don't like the sun.
Let's write poems that never end.
Let me be the voice.

Repeat after me, everything I say
again and again and again and again- again.
Wrap those crooked fingers around your hair if it helps.
You can bite down hard until your gums bleed,
you will never forget that your skin is inside out
and your bones are warped and wet.
I can teach you how to stop the itching inside.

Why won't your pants stop touching your legs?
Something is wrong with your pants.

LA SOMBRA

Esas píldoras azules dejan de funcionar tan rápido como
    comienzan.
Tal vez tus genes estaban rotos
o te esforzaste demasiado en olvidar
las partes de ti que no les gustaban a los otros
o tal vez fue lo rechazado que te sentías
luego que dejaban de acariciarte cuando tenías tres años.
Realmente nunca importó por qué.
Estás equivocado.
Yo puedo arreglártelo.
Sé exactamente cómo debería verse el mundo-
la longitud de tu cabello de tus uñas de tu miembro.
Puedo ayudarte a ver lo que veo.

No pelees conmigo, déjame entrar en tu piel.
No volverás a estar solo, siempre estoy detrás tuyo.
Baja el pincel, cierra las persianas,
No me gusta el sol.
Escribamos poemas que nunca terminen.
Déjame ser la voz.

Repite después de mi, todo lo que digo
una vez y otra y otra y otra vez.
Envuelve esos dedos torcidos alrededor de tu cabello si te
    ayuda.
Puedes morder fuerte hasta que te sangren las encías,
nunca olvidarás que tu piel está al revés
y tus huesos están deformados y mojados.
Puedo enseñarte cómo detener la picazón dentro.

¿Por qué tus pantalones no cesan de tocar tus piernas?
Algo está mal con tus pantalones.

Is your underwear on backwards?
You can't be sure until you check.
You need to check.
Check again, you weren't looking closely enough.
Take off your pants. Change them.

It's alright to shout at the people you love, if it's for the
      best.
She's making you feel bad for being late.
She pulled away too quickly after you held her,
she's punishing you.
Don't be blind, this is how you lose people.
Show her why she's wrong, tell her it was your pants,
make her tell you she forgives you.
She needs to answer your questions.
She needs to show you she loves you and sees things your
      way.
She isn't very convincing.
She's lying to you.
She just wants you to stop.
Ask again. Twice. Three more times.
Five. If you get the answer
one more time, the right way-
I'm telling you she didn't hear you, repeat it.
Now you've said it too many times, start over.
Why can't she make you feel right?
Maybe she's the problem.
Or your pants are the problem.

Don't worry,
I can fix you.
We can do this forever.

¿Tu ropa interior está al revés?
No puedes estar seguro hasta que se verifique.
Necesitas verificarlo.
Comprueba de nuevo, no estabas mirando lo
        suficientemente cerca.
Quítate los pantalones. Cámbiatelos.

Es bueno gritarle a la gente que amas, si es para mejor.
Te está haciendo sentir mal por llegar tarde.
Se desprendió demasiado rápido después de que la
        abrazaste,
ella te está castigando.
No seas ciego, así es como pierdes a la gente.
Muéstrale por qué está equivocada, dile que fueron tus
        pantalones,
haz que te diga que te perdona.
Ella tiene que responder tus preguntas.
Tiene que mostrar que te ama y que ve las cosas a tu
        manera.
Ella no es muy convincente.
Te está mintiendo.
Solo quiere que pares.
Pregunta de nuevo. Dos veces. Tres veces mas.
Cinco. Si obtienes la respuesta
Una vez mas, de la forma correcta-
Te estoy diciendo que no te escuchó, repítelo.
Ahora lo has dicho demasiadas veces, comienza de
        nuevo.
¿Por qué no puede hacerte sentir bien?
Quizás ella sea el problema.
O tus pantalones sean el problema.

No te preocupes
Yo puedo repararte.
Podemos hacer lo mismo para siempre.

IMPOSTER PALATE

Give or take 15,000 years in the past,
my family may or may not have carried rice
on their backs over ice, mud and stone
to arrive at bloodless fields
to push those little seeds deep
beneath the breath of soil
to eat their bounty for 15,000 years,
give or take.

My professor of color referred to me
as a student of color once
and I wasn't sure what to do with the title.
The first generation in me wanted to tear up,
but I knew he was bestowing unto me an honor
I couldn't possibly wear.
I knew better.

I knew that my great grandfather was smart
and lucky enough to leave his life, family behind.
To carry the weight of his dead lineage, parents,
an anvil on his back,
black ink burned into arms
no longer capable
of reaching out for one another.
But not the arms of the man whose name I haven't
            earned.
He sprinted with ghosts
from red Romania to reddish Peru
and met a daughter of rice walkers.
They mixed blood, fucked up mine,
confused my tongues.
The Romanians eat potatoes and bread.

PALADAR IMPOSTOR

Hace 15,000 años, año más año menos,
mi familia puede o no haber cargado arroz
sobre sus espaldas en hielo, lodo y piedra
para llegar a campos sin sangre
para empujar aquellas pequeñas semillas
al fondo por debajo del aliento de la tierra
para comerse su botín durante 15,000 años,
año más año menos.

Mi profesor de color se refirió a mí
como estudiante de color una vez y
yo no estaba seguro de qué hacer con este título.
La primera generación en mí quiso brotar una lágrima,
pero sabía que me estaba otorgando un honor
que no podría ostentar.
Yo sabía que no era así.

Sabía que mi bisabuelo fue lo suficientemente inteligente
y afortunado para dejar su vida, familia atrás.
Llevar el peso de su linaje muerto, sus padres,
un yunque en su espalda,
tinta negra quemada sobre brazos
ya incapaces de alcanzarse unos a otros.
Pero no los brazos del hombre cuyo nombre no me he
        ganado.
Corrió veloz con fantasmas
de la roja Rumania al rojizo Perú
y conoció a una hija de caminantes de arroz.
Mezclaron su sangre, jodieron la mía,
confundieron mis lenguas.
Los rumanos comen papas y pan.

His granddaughter ran away from home.
She carried a nylon blue backpack glutted
with clothes and dreams to Jerusalem.
There she met another sprinter, fair with locks of gold.
Argentineans are the Europeans of Latin America.
His people ran too.
Why the pair ran together to the land of broken hope,
of expectation shrapnel doused in hot Mohican,
Japanese blood, soon to be Latin-

I cannot be of color with pale skin,
colonized, refugeed blood whiter than it is brown,
Castellano que me cuesta.
I am not of color because 15,000 years of color
live in the rice I don't eat,
give or take.

Su nieta se escapó de casa.
Se llevó una mochila azul de nilón repleta
de ropa y sueños a Jerusalén.
Allí conoció a otro velocista, blanco con rizos de oro.
Los argentinos son los europeos de América Latina.
Su gente también corrió.
Por qué la pareja corrió junta a la tierra de la esperanza
        rota,
de la metralla de expectativas empapadas de sangre
        caliente
mohicana, japonesa, y pronto latina-

Yo no puedo ser de color con piel pálida,
sangre colonizada, refugiada y mas blanca que morena,
castellano que me cuesta.
Yo no soy de color porque 15,000 años de color
viven en el arroz que no como,
año mas año menos.

"FAGGOT"

after Highly Suspect's Snow White

I scan the glass for something right,

                              anything at all.

Mirror, mirror on the wall,

                         I don't like anything I see at all.

My mother and lovers say that I'm vain,

but I am, I must be, more.

                         If I am self obsessed, forgive me.

There must be something right, anything,

                              anything at all.

"MARICA"

a la manera de Blanca Nieves de Highly Suspect

Escaneo el cristal por algo verdadero,

                                   cualquier cosa.

Espejo, espejo en la pared,

                 no me gusta en absoluto lo que veo.

Mi madre y mis amantes dicen que soy un vanidoso,

pero lo soy, debo serlo, más.

            Si estoy obsesionado conmigo, perdónenme.

Debe haber algo verdadero, cualquier cosa,

                    cualquier cosa en absoluto.

ABOUT THE AUTHOR

Sasha Reiter was born in New York City in 1996. He grew up in the Bronx, where as the son of an Argentinian father and a Peruvian mother, he experienced first hand the metaphorical otherness of being both Latino and Jewish. He received his B.A. in English Literature and Creative Writing from Binghamton University (2018). He spent a semester in London studying English history and culture. He has published one collection of poems: *Choreographed in Uniform Distress/Coreografiados en uniforme zozobra* (New York: Artepoética Press, 1st edition, 2018; and Lima: Grupo Editorial Amotape, 2nd edition, 2018). His poetry has been published in English and in translation into Korean and Spanish in *Multilingual Anthology: The Americas Poetry Festival of New York 2018; Korean Expatriate Literature* (Santa Fe Springs, CA, 2019), *Sol Negro* (Lima, 2018), *Hawansuyo* (New York, 2018), *Letralia* (Caracas, 2018), *ViceVersa* (New York, 2018), and *Pluma y Tintero* (Madrid, 2018). His poetry will also appear in *Yale Club Poets Anthology* (2020). He has translated into English *The Gaze/La Mirada*, a collection of poems by Pedro Granados, published as part of *Amerindians/Amerindios* (New York: Artepoética Press, 2020), *Identity Flight/Vuelo de identidad* (a collection of poems by Oscar Limache, to be published by Grupo Editorial Amotape, Lima, 2020), and *Dream of Insomnia/Sueño del insomnio*, a collection of poems by Isaac Goldemberg, to be published by Paserios Ediciones, 2021.

ACERCA DEL AUTOR

Sasha Reiter nació en la ciudad de Nueva York en 1996. Creció en el Bronx, donde como hijo de padre argentino y madre peruana, experimentó en carme propia la otredad metafórica de ser latino y judío al mismo tiempo. Recibió su Bachillerato en Literatura Inglesa y Creación Literaria en Binghamton University (2018). Pasó un semestre en Londres estudiando historia y cultura de Inglaterra. Ha publicado un libro de poemas: *Choreographed in Uniform Distress/Coreografiados en uniforme zozobra* (Nueva York: Artepoética Press, 2018; y Lima: Grupo Editorial Amotape, 2a edición, 2018). Su poesía ha sido publicada en inglés y en traducción al español y coreano en *Multilingual Anthology: The Americas Poetry Festival of New York 2018; Korean Expatriate Literature* (Santa Fe Springs, CA, 2019), *Sol Negro* (Lima, 2018), *Hawansuyo* (Nueva York, 2018), *Letralia* (Caracas, 2018), *ViceVersa* (Nueva York, 2018) y *Pluma y Tintero* (Madrid, 2018). Sus poemas serán publicados en *Yale Club Poets Anthology* (2020). Ha traducido al inglés *The Gaze/La Mirada,* poemario de Pedro Granados, publicado como parte de *Amerindians/Amerindios* (Nueva York: Artepoética Press, 2020), *Identity Flight/Vuelo de identidad,* libro de poemas de Oscar Limache, que será publicado por Grupo Editorial Amotape, Lima, 2020, y *Dream of Insomnia/Sueño del insomnio,* poemario de Isaac Goldemberg, que será publicado por Paserios Ediciones, 2021.

In addition, he has published translations into English of poems by Isaac Goldemberg in *Anthology of Hispanic-American Poets of the USA / Antología de Poetas Hispanoamericanos de los Estados Unidos* (Arlington, VA: Gival Press, 2020), and *Eight Hispanic American Poets / Ocho poetas hispanounidenses* (New York: Nueva York Poetry Press, 2020). He is currently pursuing an MFA in Creative Writing at Sarah Lawrence University.

Además, ha publicado traducciones al inglés de poemas de Isaac Goldemberg en *Anthology of Hispanic-American Poets of the USA / Antología de Poetas Hispanoamericanos de los Estados Unidos* (Arlington, VA: Gival Press, 2020), y en *Eight Hispanic American Poets / Ocho poetas hispanounidenses* (New York: Nueva York Poetry Press, 2020). Actualmente está estudiando para una Maestría en Creación Literaria en Sarah Lawrence University.

ABOUT THE TRANSLATOR

Pedro Granados is a poet and novelist born in Lima, Peru, in 1955. He has lived in the United States, Europe and the Caribbean. Presently, he lives in his native country, where he is a professor at the University of San Marcos. He received his Bachelor degree at Catholic University of Peru; his Masters (Hispanic Studies) at Brown University, and his Doctorate (Hispanic Language and Literature) at Boston University. He has published the following collections of poetry: *Sin motivo aparente* (1978), *Juego de manos* (1984), *Al filo del reglamento* (1985), *Vía expresa* (1986), *El muro de las memorias* (1989), *El fuego que no es el sol* (1993), *El corazón y la escritura* (1996), *Lo penúltimo* (1998), *Desde el mas allá* 2002), *Poemas en hucha* (2012), *Soledad impura* (2014), *Activado* (2015), *Amerindios/Amerindians* (2020) and *La mirada* (2020). His poetry has been collected in two volumes: *Al filo del reglamento I* (2006) and *Al filo del reglamento II* (2020). In 1994, he received the I Ciudad de Medellín Latin American Poetry Award. Also, he has published six novels: *Prepucio carmesí,* Un *chin de amor, Una ola rompe, En tiempo real, Boston Angels* and *Poeta sin enchufe.* Literary criticism: *Poéticas y utopías en la poesía de César Vallejo, Trilce/Teatro: guión, personajes y público*, which was awarded the *Mario González Prize* de la Associação Brasileira de Hispanistas (2016). He has published essays in the following journals: *Anales Galdosianos, Crítica, INTI, Alforja, Lexis, Variaciones Borges, Galaxia*, etc. He is the founder and present president of Vallejo sin Fronteras Instituto (VASINFIN).

ACERCA DEL TRADUCTOR

Pedro Granados es un poeta y novelista nacido en Lima, Perú, en 1955. Ha radicado en Estados Unidos, Europa y el Caribe. Actualmente reside en su tierra natal, donde es profesor en la Universidad Nacional Mayor de San Marcos. Recibió su título de Bachiller en Humanidades (Lengua y Literatura) en la Pontificia Universidad Católica del Perú; la Maestría (Estudios Hispánicos) en Brown University, y el Doctorado (Lengua y Literatura Hispánicas) en Boston University. Ha publicado los siguientes libros de poesía: *Sin motivo aparente* (1978), *Juego de manos* (1982), *Al filo del reglamento* (1985), *Vía expresa* (1986), *El muro de las memorias* (1989), *El fuego que no es el sol* (1993), *El corazón y la escritura* (1996), *Lo penúltimo* (1998), *Desde el mas allá* (2002), *Poemas en hucha* (2012), *Soledad impura* (2014), *Activado* (2015), *Amerindios/Amerindians* (2020), *La mirada* (2020). Su poesía ha sido reunida en dos volúmenes, *Al filo del reglamento I* (2006) y *Al filo del reglamento II* (2020). En 1994, recibió el I Premio Latinoamericano de Poesía Ciudad de Medellín. También ha publicado seis novelas: *Prepucio carmesí,* Un *chin de amor,* Una *ola rompe, En tiempo real, Boston Angels* and *Poeta sin enchufe.* Crítica literaria: *Poéticas y utopías en la poesía de César Vallejo* (2004) y *Trilce/Teatro: guión, personajes y público,* ensayo que mereció el *Prêmio Mario González* de la Associação Brasileira de Hispanistas (2016). Ha publicado ensayos en las siguientes revistas: *Anales Galdosianos, Crítica, INTI, Alforja, Lexis, Variaciones Borges, Galaxia,* etc. Es fundador y actual presidente de Vallejo sin Fronteras Instituto (VASINFIN)

ÍNDICE / CONTENTS

Sensory Overload

Sobrecarga sensorial

Colección
VIVO FUEGO
Poesía esencial
(Homenaje a Concha Urquiza)

1
Ecuatorial / Equatorial
Vicente Huidobro

Colección
CUARTEL
Premios de poesía
(Homenaje a Clemencia Tariffa)

1
El hueso de los días.
Camilo Restrepo Monsalve
-
V Premio Nacional de Poesía
Tomás Vargas Osorio

Colección
PIEDRA DE LA LOCURA
Antologías personales
(Homenaje a Alejandra Pizarnik)

Colección
CRUZANDO EL AGUA
Poesía traducida al español
(Homenaje a Sylvia Plath)

1
The Moon in the Cusp of My Hand /
La luna en la cúspide de mi mano
Lola Koundakjian

2
And for example / Y por ejemplo
Ann Lauterbach

3
Sensory Overload / Sobrecarga sensorial
Sasha Reiter

Colección
MUSEO SALVAJE
Poesía latinoamericana
(Homenaje a Olga Orozco)

Colección
VEINTE SURCOS
Antologías colectivas
(Homenaje a Julia de Burgos)

1
Antología 2020 / Anthology 2020
Ocho poetas hispanounidenses / Eight Hispanic American Poets
Luis Alberto Ambroggio

Colección
SOBREVIVO
Poesía social
(Homenaje a Claribel Alegría)

Colección
TRÁNSITO DE FUEGO
Poesía centroamericana y mexicana
(Homenaje a Eunice Odio)

Colección
LABIOS EN LLAMAS
Poesía emergente
(Homenaje a Lydia Dávila)

Colección
MUNDO DEL REVÉS
Poesía infantil
(Homenaje a María Elena Walsh)

1
Amor completo como un esqueleto
Minor Arias Uva

2
Del libro de cuentos inventados por mamá
La joven ombú
Marisa Russo

Colección
MEMORIA DE LA FIEBRE
Poesía feminista

(Homenaje a Carilda Oliver Labra)

Para los que piensan, como Octavio Paz, que "el poeta no es un hombre rico en palabras muertas, sino en voces vivas", este libro se terminó de imprimir en el mes de diciembre de 2020 en los Estados Unidos de América.